BEI GRIN MACHT S WISSEN BEZAHLT

- Wir veröffentlichen Ihre Hausarbeit,
  Bachelor- und Masterarbeit

- Ihr eigenes eBook und Buch -
  weltweit in allen wichtigen Shops

- Verdienen Sie an jedem Verkauf

Jetzt bei www.GRIN.com hochladen
und kostenlos publizieren

Bibliografische Information der Deutschen Nationalbibliothek:

Die Deutsche Bibliothek verzeichnet diese Publikation in der Deutschen National-bibliografie; detaillierte bibliografische Daten sind im Internet über http://dnb.d-nb.de/ abrufbar.

Impressum:

Copyright © 2017 GRIN Verlag
Druck und Bindung: Books on Demand GmbH, Norderstedt Germany
ISBN: 9783668737181

Dieses Buch bei GRIN:

https://www.grin.com/document/429907

Pamela Bentlage

Marguerite Porète und ihr "Spiegel der einfachen Seelen". Ihr Werk und Konflikt mit der Kirche

GRIN Verlag

GRIN - Your knowledge has value

Der GRIN Verlag publiziert seit 1998 wissenschaftliche Arbeiten von Studenten, Hochschullehrern und anderen Akademikern als eBook und gedrucktes Buch. Die Verlagswebsite www.grin.com ist die ideale Plattform zur Veröffentlichung von Hausarbeiten, Abschlussarbeiten, wissenschaftlichen Aufsätzen, Dissertationen und Fachbüchern.

Besuchen Sie uns im Internet:

http://www.grin.com/

http://www.facebook.com/grincom

http://www.twitter.com/grin_com

Inhaltsverzeichnis

1. Einleitung

Marguerite Porète. Ein schön anlautender Name einer Person des Mittelalters, von welcher ich zuvor jedoch noch nichts vernommen hatte. Selbst während meiner stetigen Lektüre zu Hexen, Ketzer, Häretiker, ist mir dieser Name auch noch nicht vorgekommen; doch ließ er mich nicht mehr los. Demnach soll sich diese Arbeit mit der Person der Marguerite Porète befassen. Hierzu gehören sicherlich nicht nur ihr Aufsehen erregendes Werk „Le mirouer des simples ames"[1], sondern auch die Gemeinschaft der Beginen und Begarden des 12., 13. und 14. Jahrhunderts. War die Gemeinschaft der Beginen von Beginn an von der katholischen Kirche mit Argusaugen beobachtet worden, so sollte der Fall *Marguerite Porète* in Gänze den Unmut der katholischen Kirche auf sie ziehen. Verfolgungen durch die Kirche fanden schon zuvor statt, wenngleich sich diese vorerst auf die umherschweifenden Beginen, welche ohne stetigen Wohnsitz, ausgerichtet haben.

Da ich mich in dieser Arbeit weniger mit den Beginen im Allgemeinen, als vielmehr mit einer speziellen Begine, Marguerite Porète, beschäftigen möchte, soll mein Fokus ebenfalls auf ihrem Werk als auch auf den Konflikt mit der Kirche und dessen Folgen für die Beginen liegen. Hierzu ist jedoch ein Abstecher auf die Geschichte der Beginen, sowie der Mystik nötig, um den „Spiegel" und seine Auswirkungen besser verstehen zu können. Der eigentliche Schwerpunkt dieser Arbeit wird sich dann mit dem „Spiegel der einfachen Seelen" und seiner Autorin befassen. Bevor ein Fazit gezogen wird, sollte zudem der Konflikt mit der Kirche auch Raum finden. Hierbei gestaltet sich die Frage nach dem Konfliktpotential eines literarischen Werkes für die Kirche als äußerst interessant. Denn, wie war es möglich, dass dieses Werk ein so großes Aufsehen seitens der Kirche erregen konnte. War es für das Mittelalter nicht direkt ungewöhnlich, dass eine Frau des Lesens und Schreibens mächtig war, so scheint Marguerite Porète trotz alledem eine Ausnahme sondergleichen darzustellen. Sollte es an den frühprotestantischen Ansätzen liegen, die Irene Leicht (2012) in ihrem Aufsatz über Porète's Werk zu fassen scheint? Ulrich

---

[1] zu dt.: *„Spiegel der einfachen Seelen"*, Vgl.: Irene Leicht: Marguerite Porète und die Freiheit eines Christenmenschen. Frühprotestantische Ansätze im > Spiegel der einfachen Sellen<, in: Dietmar Mieth/ Britte Müller-Schauenburg: Mystik, Recht und Freiheit. Religiöse Erfahrung und kirchliche Institutionen im Spätmittelalter, Stuttgart 2012, S. 169. (Im Folgenden zitiert als: Leicht: Marguerite Porète und die Freiheit eines Christenmenschen.) Im Weiteren werde ich anstatt des kompletten französischen beziehungsweise deutschen Titels die Abkürzung *„Spiegel"* verwenden.

Heid (1988) weist dem Werk durch dessen Herangehensweise zur Befreiung der Seele von allem Einengenden und Überflüssigen, didaktische Züge nach, welche es zu einem „Lehrbuch der Liebesmystik" mache. Zugleich besitzt es aber auch genug Interpretationsspielraum, um Porète der Häresie zu überführen. Interessant wäre es an dieser Stelle nach weiteren Mystikern zu schauen, welche eventuell ebenfalls den Beginengemeinschaften angehört haben und wie mit ihnen verfahren wurde. Sprich, ob sich da etwas Vergleichbares finden lässt.

Es ließen sich hier genug weitere Themen und Herangehensweisen finden und diskutieren, was mir aber aufgrund des geringen Platzangebotes nicht möglich ist. So soll es sich bei dieser Arbeit vielmehr um eine grobe Darstellung der Person Marguerite Porètes, ihres Werkes und der Konfrontation mit der Kirche, als eine vollkommen ausgefeilte Analyse ihres Werkes innerhalb des historischen Kontextes handeln. Um meiner Intention nachkommen zu können, waren mir die Aufsätze von Ulrich Heid (1988) über *Marguerite Porète und ihrem Miroir des simples âmes* sowie von Irene Leicht (2012) über *Marguerite Porète und die Freiheit eines Christenmenschen* eine große Hilfe. Im Kontextt der Ketzerverfolgung und ihrer Motivik war mir der Sammelband *Die Ketzer* von Adolf Holl (1994) eine große Stütze. Hier erhält der Leser in Kürze interessante Informationen über beispielsweise Mystiker, Marguerite Porète, Meister Eckhart oder den Beginen. Erwähnenswert ist zudem die Monographie von Peter Dinzelbacher (1995) über *Heilige oder Hexen?* Und der Sammelband von Martina Wehrli-Johns und Claudia Opitz (1998) über *Fromme Frauen oder Ketzerinnen?* Beide Werke streifen die Beginenverfolgung zwar nur gering, aber dennoch soweit, als dass die Frage aufgeworfen wird, ab wann und in wie weit religiöse Frauen durch eigenständiges Handeln und einer kritischen Hinterfragung der zeitgemäßen Theologie in den Verdacht der Häresie gerieten und im Worst Case als Ketzerin zum Tode verurteilt wurden. Ein ebenfalls neueres Werk bietet Ulrike Stölting (2005). In diesem untersucht und beleuchtet sie die *Christliche Frauenmystik im Mittelalter* kritisch. Weiterhin dienen kurze autobiographische Einspielungen in Porète's „Spiegel" der Erkenntnisgewinnung seitens der Forschung und eventuell laienhaften Interessierten. So stellte sich die Monographie von Irene Leicht (1999)

Marguerite Porète – eine fromme Intellektuelle und die Inquisition als denkbar ertrag- und ergebnisreich heraus.

2. Mystik

Erst seit dem Mittelalter wird der Begriff der „Mystik" auf deutschen Raum verwendet. Zuvor waren die davon betroffenen Personen unter den sogenannten Spirituellen beziehungsweise Kontemplativen zu finden. [2] An dieser Stelle scheint es mir erwähnenswert, dass Marguerite Porète in ihrem Werk auf genau die kontemplativen Seelen eingegangen ist, was folgern lässt, dass der *Spiegel* für ein wissendes, gelehrtes Publikum gedacht war und nur bedingt für ein unwissendes Publikum.[3] Laut Peter Dinzelbacher entsteht Mystik erst im Glauben beziehungsweise im Zuge individuell gemachter Erfahrungen mit dem Göttlichen.[4] Wenn man nach der Aussage Ulrike Stöltings geht, trägt jeder christliche Mensch ein gewisses Maß an Mystik in sich. So ist Mystik nichts anderes als eine Spiritualität, welche „die normalen Möglichkeiten der Vernunft oder des Bewusstseins übersteigen [und] zu einer unmittelbaren Nähe [...] mit dem Göttlichen führt."[5] Durch diese Art von Spiritualität, der *unio mystica*[6], hatten die betroffenen Personen innerhalb der Gesellschaft, aufgrund ihrer Visionen, eine Alleinstellung inne. Zudem gerieten sie seitens des Klerus schnell in den Verruf der Häresie.[7] Der hier eröffnete Parallelraum, in dem der Mystiker von der real existenten Welt herausgelöst und abseits dessen in Kontakt mit etwas Übernatürlichen tritt, stellt sich nur für den Mystiker als etwas Erlebtes, für die Außenwelt jedoch als etwas nicht Greifbares dar. Interessant wäre an dieser Stelle die Frage nach dem ‚Warum?'. War sich die mittelalterliche Bevölkerung als auch der Klerus selbst über eine stetige Verbindung mit dem Göttlichen bewusst, so hatten Mystiker ihre Visionen beinahe immer spontan und ohne vorherige Anzeichen; sie kamen „aus

---

[2] Vgl. Dinzelbacher, Peter: Christliche Mystik im Abendland. Ihre Geschichte von den Anfängen bis zum Ende des Mittelalters, Zürich u.a 1994, S. 10. (Im Folgenden zitiert als: Dinzelbacher: Christliche Mystik im Abendland.)

[3] Vgl. Dinzelbacher, Peter: Deutsche und niederländische Mystik des Mittelalters. Ein Studienbuch, Berlin 2012, S. 2. (Im Folgenden zitiert als: Dinzelbacher: Mystik des Mittelalters.)

[4] Vgl. Dinzelbacher: Christliche Mystik im Abendland, S. 9f.

[5] Vgl. Stölting, Ulrike: Christliche Frauenmystik im Mittelalter. Historisch-theologische Analyse, Mainz 2005, S. 15. (Im Folgenden zitiert als: Stölting: Christliche Frauenmystik.)

[6] Vgl. Stölting: Christliche Frauenmystik, S. 17.

[7] Vgl. Stölting: Christliche Frauenmystik, S. 18f.

heiterem Himmel".[8] Erschwerend kommt noch die Sonderstellung der Mystiker hinzu. Demnach hatte nicht jede Person die Befähigung der Visionen. Vielmehr traten sie nur sporadisch auf.[9] Etymologisch betrachtet spiegelt der Begriff „Mystik"[10] genau das wider, was den Mystikern im Spätmittelalter vorgeworfen wurde: Eine im verborgenen, geheimen stattfindende Lehre einer laienhaften Theologie, welche es zu unterdrücken galt.[11] Ulrike Stölting unterteilt zudem die Mystiker in zwei Gruppen. Zum einen greift sie die Mystiker auf, die sich von allem irdischen lossagen, um mit dem Göttlichen eine Einheit zu bilden. Auf der anderen Seite befinden sich die Mystiker, die einzeln und individuell auf einer stetigen Suche nach einer Verbindung zwischen dem Göttlichen und sich selbst sind.[12] Nach dieser kurzen Definition der beiden Mystikergattungen, würde Marguerite Porète in der ersten Sparte einzusortieren sein. So weist sie in ihrem Werk darauf hin, wie sich die Seele von allem bindenden zu lösen habe, um frei für das Göttliche zu sein. Zudem ist das Einfinden der Gottheit in die freie Seele des Mystikers, welcher sich in Ekstase befindet, sinnbildlich für das Mittelalter.[13]

3. Beginen

3.1. Anfänge

„Beginen sind Frauen, die unter einer frei gewählten Vorsteherin in Beginenhöfen ein andächtiges Leben führen, ohne einem Orden im eigentlichen Sinne anzugehören."[14] In Betracht dieser kurzen Definition aus dem Ökumenischen Heiligenlexikon bleibt es fraglich, wie es zu einer so großen und durchaus auch beständigen Frauenbewegung kommen konnte, die sogar in

---

[8] Vgl. Dinzelbacher: Mystik des Mittelalters, S. 8.
[9] Vgl. Dinzelbacher: Mystik des Mittelalters, S. 2.
[10] Adjektiv nach dem griechischen μυστικός, was so viel wie dunkel, geheimnisvoll bedeutet und auf die Vereinigung der Seele mit dem Göttlichen zurückzuführen ist. Vgl. Art. Mythisch, in: Deutsches Wörterbuch von Jacob und Wilhelm Grimm, 16 Bde. in 32 Teilbänden, Leipzig 1854-1961, Bd. 12, Sp. 2848.
[11] Vgl. Dinzelbacher: Christliche Mystik im Abendland, S.10.
[12] Vgl. Stölting: Christliche Frauenmystik, S. 19f.
[13] Vgl. Walker Bynum, Caroline: Resurrection of the Body in Western Christianity. 200-1336, New York 1995, S. 294. (Im Folgenden zitiert als: Walker Bynum: Resurrection of the Body.)
[14] Vgl. Joachim Schäfer: Artikel Beginen, aus dem **Ökumenischen Heiligenlexikon** - https://www.heiligenlexikon.de/Orden/Beginen.htm, abgerufen am 10.03.2017. (Im Folgenden zitiert als: Schäfer: Beginen.)

Einzelfällen so weit gegangen ist, dass sich die katholische Kirche in ihren Grundzügen, was die theologische Lehre nach außen hin betrifft, bedroht gesehen hat.

Die Beginengemeinschaften haben mit ihrer Erstehung sicherlich eine „Spezialform einer umfassenden religiösen Erneuerungsbewegung gebildet [...]"[15], welche es sich zu eigen machte, die christlich-religiöse Lehre nach außen hin zu verbreiten. Sie traten häufig einzeln, zu zweit oder in Gruppen auf und führten innerhalb dieser Gemeinschaften ein gottgefälliges Leben. Erstmals tauchten die Beginen wohl Anfang des 13. Jahrhunderts in den Niederlanden und Niederrhein auf.[16] Obgleich die Gemeinschaften autonom waren, mussten sie sich doch dem Schutz eines kirchlichen Ordens unterstellen. So legten die Mitglieder, welche größten teils aus Witwen, adligen und nicht-adligen Frauen und Mädchen oder aber aus unverheirateten Frauen, die aufgrund dessen in finanziellen Missstände geraten könnten oder sind, ein Gelübde ab, welche nur eine Haltbarkeit von einem Jahr hatte und jedes Jahr erneuert werden musste. Aufgrund der individuellen Suche nach einem asketischen Leben, zogen Männer in die Kreuzzüge oder verschrieben sich einem klösterlichen Leben, weshalb es zu einer Zunahme von ledigen oder aber verwitweten Frauen kam, welche auf diese Weise existenziellen Gefahren aus dem Weg zu gehen versuchten, in dem sie einen Mittelweg gingen und nur auf Zeit, ohne Verlust ihrer Habtümer, sich dem Leben innerhalb eines Ordens verschrieben. [17] Durch die fehlende klerikale Ausbildung, sah die Kirche eine Gefahr in der Lehre des theologischen Halbwissens, weshalb diese darum bemüht war, den Beginen die Lehre abzusprechen. Vielmehr sollten sie sich um die Krankenpflege innerhalb der Hospitäler kümmern oder als Kindermädchen in Haushalten die Erziehung übernehmen.[18] Ihrer Aufgabe als sogenannte "Leidfrauen" kamen sie innerhalb der Krankenpflege nach, indem sie die Sterbenden in ihren letzten Stunden mit beruhigenden Worten und Taten begleiteten. Ihre Dienste innerhalb der Krankenpflege oder der Erziehung, durch die sich die Beginen von den anderen

---

[15] Vgl. Schmölzer, Hilde: Beginen, in: Adolf Holl (Hg.), Die Ketzer, Hamburg 1994, S. 243. (Im Folgenden zitiert als: Schmölzer: Beginen.)
[16] Vgl. Kathrin Utz Tremp: Zwischen Ketzerei und Krankenpflege - Die Beginen in der spätmittelalterlichen Stadt Bern, in: M. Wehrli-Johns/ C. Opitz. Fromme Frauen oder Ketzerinnen? Leben und Verfolgung der Beginen im Mittelalter, Freiburg im Breisgau 1998, S. 170 (Im Folgenden zitiert als: Utz Tremp: Zwischen Ketzerei und Krankenpflege.)
[17] Vgl. Schäfer: Beginen.
[18] Vgl. Schmölzer: Beginen, S. 247.

Ordensschwestern abhoben, wurden ihnen im 15. Jahrhundert ebenfalls zur Last gelegt. So wurde ihnen unter anderem unterstellt, sich nur um Sterbende und Kranke gekümmert zu haben, die wirtschaftlich gut gestellt waren.[19]

Laut Kathrin Utz Tremp war der Beginn des 14. Jahrhunderts "eine goldene Zeit für die verschiedenartigsten Häresien."[20] So kam es nach der Verbrennung Marguerite Porètes dazu, dass im Zusammenhang mit dem Konzil von Vienne zwei päpstliche Dekrete erlassen wurden, welche den Stand der Beginen, mit samt ihrem Irrglauben verdammten. Als Begründung wurde ihnen das fehlende Bekenntnis zu einer approbierten Regel und die teils interne und teils öffentliche Diskussion über die Dreifaltigkeit und der Gottheit vorgeworfen. Trotz der Abschwächung dieser Dekrete, nachdem sie ins *Corpus iuris canonici* im Jahre 1317 aufgenommen wurden, legten diese Dekrete dennoch den Grundstein für weitere Verfolgungen der Beginengemeinschaften. So kam es in den Jahren, zwischen 1317-1319, vermehrt in Straßburg und, zwischen 1318-1321, in Basel zu blutigen Beginenverfolgungen. In Straßburg beispielsweise wurden Beginenhöfe, welche sich gänzlich ihrer eigens festgelegten Regel unterstellten, vom dortigen Bischof selbst dem weltlichen Gericht übergeben, was einer Todesstrafe gleichkam. In Basel hingegen wurden nicht nur die Beginen verfolgt, sondern auch die ihnen Übergestellten Orden, wie beispielsweise die Franziskaner. Die Verfolgungen gegen die Beginen und die Franziskaner führten jedoch nicht zum Verfall dieser Gemeinschaften, sondern schweißten diese, trotz der Drittordensregel[21], nur noch enger zusammen. [22]

3.2. Religiöse Frauenbewegung

Wie aber kam es zu der Frauenbewegung im Hoch- und Spätmittelalter? Man kann hier davon ausgehen, dass die höfische Bildung, die nun auch den

---

[19] Vgl. Utz Tremp: Zwischen Ketzerei und Krankenpflege, S. 190ff.

[20] Vgl. Utz Tremp: Zwischen Ketzerei und Krankenpflege, S. 169.

[21] Im Zusammenhang mit dem Konzil von Vienne (1311/12), welches die Schwächung beziehungsweise Zerschlagung der Beginengemeinschaften zum Ziel hatte, nahmen viele Beginenkonvente zum Schutz vor der Inquisition die ‚Drittordensregel' an. Diese erlaubte es den geistlichen Orden, wie den Franziskanern oder Benediktinern, einen weiteren Konvent unter ihren Deckmantel aufzunehmen, insofern dieser sich dazu bereit erklärte, dessen gängige Regeln zu übernehmen. Vgl. hierzu: Wehrli-Johns, Martina: Schwestern in der Welt: Beginen im Mittelalter und Neuzeit, in: Adelheid M. von Hauff (Hrsg.): Frauen gestalten Diakonie. Bd. 1. Von der biblischen Zeit bis zum Pietismus, Stuttgart 2007, S. 278. (Im Folgenden zitiert als: Wehrli-Johns: Schwestern in der Welt.)

[22] Vgl. Utz Tremp: Zwischen Ketzerei und Krankenpflege, S. 172.

weiblichen Nachkommen teil werden durfte, dazu geführt hat, dass es eine regelrechte Emanzipation auf Seiten der Frauen gekommen sein muss. Waren ihnen nun nicht mehr nur die häuslichen Aufgaben und die Erziehung der Kinder gegeben, so erhielten sie selbst Unterricht im Lesen und Schreiben, lernten Literatur aus aller Welt kennen und waren mit der neuen Lyrik, der Minnelyrik, vertraut.[23] Teilweise waren die höfischen Frauen gar besser gebildet, als ihre Männer. Zudem befanden sie sich oftmals im Zentrum des Minnesangs, wodurch ihnen dieser bisweilen äußerst geläufig war.[24] Immer mehr Frauen suchten Konventen beziehungsweise Klöster auf, um sich bilden zu lassen und sich innerhalb dieser neuen Errungenschaft von den äußeren Zwängen, wie beispielsweise des Ehelichens zum Erhalt von Dynastien, zu befreien. Infolge dessen kam es zu einem starken Zuwachs innerhalb der Klöster, welche diesem alsbald nicht mehr standhalten konnten. Von daher scheint es nicht verwunderlich, dass Semireligiöse Gemeinschaften, wie der Beginen, einen stetigen Zuwachs erhielten.[25]

War es den Frauen nun prinzipiell möglich im Lesen und Schreiben gebildet zu werden, war es ihnen im Umkehrschluss jedoch verboten theologische Lehren in der Öffentlichkeit vorzutragen, selbst wenn sie Mitglied eines Ordens oder Konvents waren. Schon in der Bibel lässt sich zur Stellung der Frau in der Öffentlichkeit und innerhalb der Messe lesen, dass sie bestimmte Regeln der Verschwiegenheit einzuhalten haben.

> *„Wie es bei allen christlichen Gemeinden üblich ist, sollen die Frauen in euren Versammlungen schweigen. Sie dürfen nicht lehren, sondern sollen sich unterordnen, wie es auch das Gesetz vorschreibt."* (1. Kor. 14,34-35)

Weiterhin lässt sich in der Bibel folgendes lesen

> *„Die Frauen sollen still zuhören und das Gehörte in sich aufnehmen; sie müssen sich völlig unterordnen. Ich lasse nicht zu, dass sie vor der Gemeinde sprechen oder sich über die Männer erheben. Sie sollen sich ruhig und still verhalten"* (1. Tim. 2,11-12)

---

[23] Vgl. Bumke, Joachim: Geschichte der deutschen Literatur im hohen Mittelalter, München 2004, S. 33f. (Im Folgenden zitiert als: Bumke: Geschichte der deutschen Literatur.)

[24] Vgl. Keul, Hildegund: Mechthild von Magdeburg. Poetin – Begine – Mystikerin. Herder Freiburg 2007, S 17f. (Im Folgenden zitiert als: Keul: Mechthild von Magdeburg.)

[25] Vgl. Leicht, Irene: Marguerite Porète – eine fromme Intellektuelle und die Inquisition, in: Lorenz Oberlinner (u.a.): Freiburger theologische Studien, Bd. 163, Freiburg 1999, S. 82. (Im Folgenden zitiert als: Leicht: Marguerite Porète.)

Irene Leicht verweist durch die beiden Bibelzitate auf genau das, was einzelne Beginen nicht getan haben – geschwiegen. Sie haben ihre theologischen Ansichten öffentlich vertreten, wie unter anderem Marguerite Porète oder Mechthild von Magdeburg. Sie und noch andere haben eine Lehre vertreten, die seitens der Kirche rapide in den Bereich der Ketzerei sortiert wurde.[26] Insgesamt darf das Beginenwesen des 13. und 14. Jahrhunderts jedoch nicht gänzlich in die Sparte der Ketzerverfolgungen gezogen werden, da diese autonome Beginenbewegung letztlich doch am Widerstand der hierarchischen Amtskirche scheiterte beziehungsweise zur Anpassung gezwungen wurde und weiterhin nicht mehr in ihren Grundelementen existierte.[27] Zu diesen Widerspenstigen Beginen gehörten Mechthild von Magdeburg und Marguerite Porète. Meister Eckhart gehörte zwar nicht zu den männlichen Begarden, jedoch wurde auch gegen ihn, wie gegen Marguerite Porète ein Inquisitionsverfahren wegen Häresie praktiziert. Eine Ausnahme stellt hier Mechthild von Magdeburg dar, die ebenfalls eine mystische Schrift verfasste, aber nicht der Ketzerei angezeigt wurde.

Da sich diese Arbeit mit Marguerite Porète befasst, werde ich im Folgenden Mechthild von Magdeburg und Meister Eckhart grob skizzieren, um dann im darauffolgenden Kapitel auf Porète und ihrem „Spiegel" näher einzugehen.

3.2.1. Mechthild von Magdeburg

Wie über die anderen Mystikerinnen des Mittelalters, ist auch über Mechthild von Magdeburg nur das bekannt, was sie dem Leser durch ihr mystisches Werk „Das fließende Licht der Gottheit" erfahren lässt.[28] Vermutlich stammt aus einer adligen Familie, durch welche ihr eine gute Bildung zugekommen ist.[29] Ihre erste göttliche Vision hat sie vermutlich in einem Alter von zwölf Jahren. Für ein Leben als Begine, in Armut und Keuschheit, entschied sie sich jedoch erst mit zwanzig Jahren. Demnach zog sie nach Magdeburg in die Stadt, trat dort aber

---

[26] Vgl. Leicht: Marguerite Porète, S. 14f.

[27] Vgl. Wehrli-Johns, Martina: Einleitung. Fromme Frauen oder Ketzerinnen?, in: dies. Fromme Frauen oder Ketzerinnen? Leben und Verfolgung der Beginen im Mittelalter, Freiburg im Breisgau 1998, S. 13. (Im Folgenden zitiert als: Wehrli-Johns: Fromme Frauen.)

[28] Vgl. Tobin, Frank: Mechthild von Magdeburg. A medieval mystic in modern eyes, Columbia 1995, S 1. (Im Folgenden zitiert als: Tobin: Mechthild von Magdeburg.)

[29] Vgl. Keul: Mechthild von Magdeburg, S 17f.

keinem Orden, sondern lediglich einem Beginenhaus bei.[30] Während ihrer Zeit als Begine erfuhr sie stetig weitere Visionen, welche sie letztlich in ihrem Werk festgehalten und ihre Erfahrungen mit dem Göttlichen in der Volkssprache niedergeschrieben hat. Die nächsten dreißig Jahre verbrachte sie in Magdeburg, bevor sie schließlich in das Kloster bei Helfta eingetreten ist.[31]

Ihr Beichtvater, während ihrer Zeit als Begine, veranlasste Mechthild anscheinend zur Niederschrift ihrer Visionen. Genauso war er es womöglich auch, der die Einteilung der Bücher vornahm.[32]

Im Gegensatz zu etwaigen anderen Mystikern und Mystikerinnen, welche theologische Schriften verfasst haben, sticht Mechthild von Magdeburg durch die Verwendung der Volkssprache heraus. Zudem lässt sich durch ihren Schreibstil die gute Bildung erkennen.[33] Der Fokus ihres Werkes liegt auf der Vereinigung mit dem Göttlichen. So beschreibt Mechthild ihre Verbindung als Braut mit ihrem Geliebten als Bräutigam.[34] Folglich lässt sich auch hier eine Einheit als Liebespaar zwischen der Mystikerin und dem Göttlichen erkennen, was sicherlich dazu geführt hat, dass auch Mechthild von Magdeburg durch ihre Aussagen unter Häresieverdacht geraten ist und verfolgt wurde.

3.2.2. Meister Eckhart

Nicht nur Frauen wurden dank ihrer Visionen, welche sie in großräumigen Werken niederschrieben, verfolgt, so auch der Mystiker Meister Eckhart. Laut Utz-Tremp kann man davon ausgehen, dass Meister Eckhart die Beginenverfolgungen als auch die Prozesse in Straßburg miterlebt hat. So ist sich die Forschung ziemlich sicher, dass er die Inquisitionsprozesse auch an der eigenen Person zu spüren bekommen haben wird, wenn gleich die Verurteilung als Häretiker erst nach seinem Tod stattgefunden hat.[35] Genauso wird ihm auch das Werk Porètes bekannt gewesen sein, so lassen sich in

---

[30] Vgl. Tobin: Mechthild von Magdeburg, S. 2f.
[31] Vgl. Keul: Mechthild von Magdeburg, S. 64.
[32] vgl. Ruh, Kurt: Geschichte der abendländischen Mystik, Bd. II: Frauenmystik und Franziskanische Mystik der Frühzeit, München 1993, S. 249. (Im Folgenden zitiert als: Ruh: Abendländische Mystik.)
[33] Vgl. Ruh: Abendländische Mystik, S. 245f.
[34] Vgl. Stölting: Christliche Frauenmystik, S. 170.
[35] Vgl. Utz Tremp: Zwischen Ketzerei und Krankenpflege, S. 172f.

seinen Werken und dem „Spiegel" Übereinstimmungen wiederfinden[36], wie beispielsweise der Befreiung der Seele von allem Überschüssigen.[37]

Aber nicht nur die etwaigen Überschneidungen in den Werken und Ansichten zwischen Porète und Eckhart müssen hier betrachtet werden, sondern auch die exponierte Stellung Eckharts innerhalb der Mystik. Geht man davon aus, dass die Mystik in ihrer Basis eigentlich den Frauen vorbehalten war, um ihrer theologischen Lehre innerhalb ihrer Werke Raum zu verschaffen, so nahm sich Meister Eckhart dieser Denkweise an und war darin bestrebt, diese zu legitimieren. Zum ging er in seinen Werken selbst auf die mystischen Lehren ein, zum anderen sprach er auch laut von ihnen. So heißt es in dem Protokoll des Inquisitionsprozesses gegen Meister Eckhart, dass er selbst zum Häretiker geworden sei und die Visionen und Ekstasen als das eigene Himmelreich aufzufassen und sich entgegen der Kirche zu positionieren.[38] Weiterhin lässt sich in der abschließenden Bulle zu seinem Inquisitionsverfahren der Stadt Avignon lesen, dass Eckhart Irriges „gepredigt, verkündet [...] und geschrieben" habe. Zudem habe er „mehr wissen wollen, als sich gebührt [und] den wahren Glauben in den Herzen vieler vernebelt."[39]

Mit diesem Vorurteil beziehungsweise Anklage musste sich auch Marguerite Porète mitsamt ihrem Werk „Der Spiegel der einfachen Seelen" auseinandersetzen.

4. Marguerite Porète und ihr „Spiegel der einfachen Seelen"

Wie bei anderen Mystiker und Mystikerinnen, oder im Allgemeinen, Autoren dieser Zeit, sind nur sehr wenige Lebensdaten vorhanden, welche grobschlüssig aus den Werken der jeweiligen Person entnommen werden können. So auch bei Marguerite Porète. Wobei hier noch zwei weitere Hinweisgeber der Forschung weiterhelfen. Einerseits existieren die

---

[36] Vgl. Vannier, Marie-Anne: La thématisation de la mystique rhéno-flamande par Eckhart, in: Klaus Jacobi: Meister Eckhart: Lebensstationen – Redestationen, Berlin 1997, S. 200. (Im Folgenden zitiert als: Vannier: Eckhart.)

[37] Vgl. Margreiter, Reinhard: Mystik zwischen Literalität und Oralität. Meister Eckhart und die Theorie medialer Noetik, in: Klaus Jacobi: Meister Eckhart: Lebensstationen – Redestationen, Berlin 1997, S. 20. (Im Folgenden zitiert als: Margreiter: Mystik.)

[38] Vgl. Jacobi, Klaus: Meister Eckhart: Lebensstationen – Redestationen, Berlin 1997, S. 8. (Im Folgenden zitiert als: Jacobi: Meister Eckhart.)

[39] Vgl. Jacobi: Meister Eckhart, S. 9.

Prozessakten über Porète. Andererseits die schriftlichen Zeugnisse dreier Zeitgenossen, welche zur Urteilsfindung über die Begine urteilen sollten.[40] Da aus diesen Berichten, uns selbst aus ihrem Werk ihr Geburtsjahr nicht hervorgeht, nimmt man an, dass sie vermutlich zwischen 1250/60 geboren wurde.[41] Sicher ist dagegen wieder, dass sie aus Hennegau stammt.[42] Des Weiteren geht man davon aus, dass Porète aus dem Stadtpatriziat von Valenciennes stammen könnte. So handelte es sich bei Valenciennes um eine florierende Stadt, in welcher nebst den Jungen auch den jungen Mädchen eine schulische Bildung erhalten durften. Seit 1239 ist für Valenciennes ein Beginenhof samt Lateinschule bekannt.[43] Leider lässt sich nicht aus den vorhanden Zeugnissen schließen, ob Porète die Lateinschule besucht hat oder wie sie unterrichtet wurde. Als Lehrer gibt sie selbst jedoch Gott an und bezeichnet diesen als allein denjenigen, der sie aufgrund seines Verständnisses der Liebe zu verstehen vermag.[44] Ob sie schon als Kind ihre ersten Visionen hatte, lässt sich nicht rekonstruieren. Jedoch schien es ihr von vornherein bewusst gewesen zu sein, dass sie sich der geistlichen Lehre verbundener fühlte, als etwa einer Rolle als Ehefrau und Mutter. Von daher lebte sie höchstwahrscheinlich als Begine in Valenciennes.[45] Wann sie ihr Werk genau verfasst hat, lässt sich nicht sagen. Einzig haltbar zu sein scheint die grobe Eingrenzung auf das Ende des 13. Jahrhunderts[46] – wenn sie denn 1250/60 geboren wurde und sie nicht eventuell doch schon eine ältere Begine bei ihrer Verurteilung war. Nichts desto trotz verfasste Porète ihren „Spiegel" in einer Zeit des Umbruchs. Nicht nur auf Seiten der Wirtschaft fand eine Veränderung statt, sondern auch auf Seiten der Bevölkerung hinsichtlich der Kirche. So „entstand auf dem Land, aber auch in den Städten ein Proletariat [, welches] die Kritik an der Feudalherrschaft der Kirche" hat laut werden lassen. Hatte die Kirche die alleinige Machtstellung über das Seelenheil der einzelnen Bürger zu entscheiden und zu verfügen, standen die Mystiker dieser Praxis

---

[40] Vgl. Porète, Marguerite: Der Spiegel der einfachen Seele. Mystik der Freiheit, Wiesbaden 2012, Vorrede. (Im Folgenden zitiert als: Porète: Spiegel.)
[41] Vgl. Leicht: Leicht: Marguerite Porète, S. 69.
[42] Vgl. Stölting: Christliche Frauenmystik, S. 340.
[43] Vgl. Stölting: Christliche Frauenmystik, S. 329.
[44] Vgl. Leicht: Marguerite Porète, S. 89f.
[45] Vgl. Baatz, Ursula: Marguerite Porète, in: Adolf Holl: Die Ketzer, Hamburg 1994, S. 61. (Im Folgenden zitiert als: Baatz: Marguerite Porète.)
[46] Vgl. Baatz: Marguerite Porète, S. 62.

kontrovers gegenüber. Folglich konnte jede Person ihr Seelenheil durch ein Leben in Armut erhalten.[47] Ihr Werk, in dem sie die sieben Stufen zur Befreiung der Seele von jeglicher Last beschreibt, hat sie in der französischen Volkssprache verfasst und veröffentlicht.[48] Bei dem „Spiegel" handelt es sich um ein „durchweg auf Sprecherrollen verteiltes Lehrbuch der Liebesmystik."[49] Im „Spiegel" wird der Weg der Seele hin zur Vollkommenheit skizziert. Dazu muss die Seele, wie schon erwähnt, einen Weg über sieben verschiedene Stufen begehen, bis sie letztlich eine Einheit mit der Liebe und somit mit dem Göttlichen selbst bilden kann.[50] Bemerkenswert ist ihr Herangehen an die Unstimmigkeiten zwischen der Bevölkerung und dem Klerus. So beschreibt sie im „Spiegel" die zeitgenössische Denkweise, ohne an das Vergangene beziehungsweise Zukünftige zu denken. Sie scheint sich selbst miteinzubeziehen und eine Position einzunehmen.[51] So kritisiert sie die Kirche und die dort gängige theologische Praxis. Sie sieht in der kirchlichen Struktur eine Knechtschaft des Menschen und bringt ihr eigenes Freiheitsverständnis, die innere Freiheit eines jeden Subjekts, zum Ausdruck. Demnach handelt es sich bei einer freien Seele, um eine, die zu Nichts geworden ist. Folglich äußert die Seele keinen Bedarf mehr an weltlichen oder geistigen Dingen, sondern hat ihre Ausgeglichenheit im Nichts gefunden. Sie verlangt nach nicht und hat auch nichts, folglich ist sie frei von allen Zwängen und besitzt einen freien Willen.[52] Der „Spiegel" weist einen Umfang von rund 137 Kapiteln auf, die keine einheitliche Struktur aufzuweisen scheinen.[53]

4.1. Überlieferung

Obwohl ihr Werk als ein ketzerisches Buch verboten und unter Häresieverdacht gar verbrannt wurde, fand es doch eine erstaunlich gute Rezeption. Allein im 14.

---

[47] Vgl. Baatz: Marguerite Porète, S. 62.
[48] Vgl. Porète: Spiegel, Vorrede.
[49] Vgl. Ulrich Heid: Studien zu Marguerite Porète und ihrem „Miroir des simple âmes", in: Peter Dinzelbach/ Dieter R. Bauer: Religiöse Frauenbewegung und mystische Frömmigkeit im Mittelalter, Köln 1988, S. 185.
[50] Vgl. Heid: Studien zu Marguerite Porète, S. 185.
[51] Vgl. Leicht: Marguerite Porète und die Freiheit eines Christenmenschen, S. 171.
[52] Vgl. Leicht: Marguerite Porète und die Freiheit eines Christenmenschen, S. 172f.
[53] Vgl. Heid: Studien zu Marguerite Porète, S. 186.

Jahrhundert wurde es noch ins Lateinische und Ende des 14. Jahrhunderts ins Italienische übersetzt. Zudem wurde im Laufe des 14. Jahrhunderts eine französische Fassung ins Mittelenglische übertragen. Die hier entstandene Fassung war wiederum die Grundlage für eine im 16. Jahrhundert entstandene Übertragung ins Latein. Folglich sind sechs Versionen in vier Sprachen belegt, wovon insgesamt dreizehn Textauszüge zugänglich sind. Laut Heid hat kein anderer mystischer Text, selbst über Sprachgrenzen hinweg, so eine Verbreitung gefunden, wie der „Spiegel" von Marguerite Porète.[54] Trotz dieser starken Rezeption und an sich auch guten Überlieferung in dreizehn Textzeugnisse, taucht der „Spiegel" als auch seine Autorin, bezüglich der Verbrennungen, in der Geschichtsschreibung zu Valenciennes erst einmal nicht auf. Selbst innerhalb der Dokumentationen über die dort ansässigen Beginen findet Marguerite Porète allem Anschein nach keine Erwähnung. Erst 1888 wird sie binnen der neuen Forschung zur Ketzergeschichte geführt. Erst seit dem Zweiten Weltkrieg erhält man immer mehr Informationen zu Porète und ihrem Werk. So ist der Historikerin Romana Guanieri die Verbindung zwischen dem anonym überlieferten Roman *Librum pestiferum, continentem heresim et errores* und Marguerite Porète aufgefallen und diesen als den „Spiegel der einfachen Seelen" ausmachte. [55] Seitdem entstehen stetig neue Forschungsberichte, Aufsätze oder ganze Monographien zur Porète und ihrem „Spiegel".[56]

4.2. Inhalt

In ihrem Werk beschreibt Porète die Begegnung mit Gott als eine „blitzartige Öffnung und Umschließung" der Seele mit dem göttlichen Geliebten. Ziel der Seele ist es frei zu sein.[57] Die Freiheit der Seele zeigt sich bei Marguerite Porète in drei Bereichen. Zum einen muss sich die Seele von den Tugenden

---

[54] Vgl. Heid: Studien zu Marguerite Porète, S. 189.
[55] Vgl. Heid: Studien zu Marguerite Porète, S. 186ff.
[56] Vgl. Heid: Studien zu Marguerite Porète, S. 190ff. > so untersuchte Henry Charles Lea die Inquisitionsdokumente aus den Pariser Archiven und führte diese 1888 in seiner Inquisitionsgeschichte mit an. 1975 fasste Kurt Ruh den bis dahin stehen französischen Forschungsstand zusammen und stellte in dem Zuge Vergleiche mit anderen mystischen Texten an. 1976 wies Robert E. Lerner auf ein noch nicht ediertes Fragment zum Inquisitionsprozess auf. 1984 erschien eine Paperbackausgabe des „Spiegels" in einer neufranzösischen Übersetzung, um sie auch dem heutigen Leser zugänglich zu machen.< Weitere Werke habe ich in der Einleitung bereits aufgeführt.
[57] Vgl. Heid: Studien zu Marguerite Porète, S. 198.

verabschieden, insofern sie von außen, also der Kirche, auferlegt worden sind. So ist nur Gott dazu bemächtigt dem Menschen Tugenden aufzuerlegen. Weiterhin darf die Seele nicht über richtig oder falsch hinsichtlich religiöser Übungen und Leistungen urteilen. Vielmehr soll sie sich in dem Zustand befinden, in dem weder die religiösen Bräuche und die Armut verachtet, noch nach ihnen verlangt. Zuletzt muss sie frei vom Gewissen sein, da nur die freie Seele ihren Eigenwillen aufgegeben hat und kein Gefühl des eigenen Unvermögens beziehungsweise der Sünde mehr verspüren und darüber in Zweifel geraten kann.[58] Da nicht jeder Mensch dazu gemacht ist, eine freie Seele zu besitzen, unterteilt Porète die Menschen nochmals in drei Stände, welche unterschiedliche Verstehensgrade aufweisen. Die ‚Aktiven' sind die Unverständigen, die darin bestrebt sind, sich die göttliche Liebe zu erarbeiten und den Idealen nachzueifern. Die ‚Kontemplativen' werden ihr Werk so lange nicht verstehen können, bis man ihnen eine Erklärung dazu liefere. Die ‚Zunichtsgewordenen' hingegen sind die Personen, die sich von allem losgesagt haben und nun eine vollkommen freie Seele besitzen.[59] Leicht geht an dieser Stelle darauf ein, dass Porète in ihrem Werk eine verdrehte Hierarchie aufmacht. So verweist sie darauf, dass das augenscheinliche Aufstiegsmodell im Grunde genommen ein Abstiegsmodell ist. Das heißt, dass das höchste Ziel seitens der Kirche, nämlich der Mensch, der nach einem theologischen Lehrmeister giert und diesen als den Stellvertreter Gottes sieht, aus der Sicht Porètes die niedrigste Stufe des Erreichbaren darstellt – Christus als eigener, individueller Lehrer.[60] Die Befreiung der Seele von den Tugenden zeigt einen Aspekt auf, durch welchen der „Spiegel" in den Verruf der Häresie gelangt ist. So tritt die Seele aus den Schatten der Tugenden und fungiert als die Herrin dieser, nur durch die Verwendung ihrer eigenen Vernunft. Folglich eifert die Seele nicht mehr blind dem Gottesglauben nach, sondern betrachtet ihn aus einer rationalen Perspektive.[61] Im Gegensatz dazu steht nun die vollkommen befreite Seele – die zunichte gewordene Seele -, welche sich um nichts mehr zu kümmern braucht, außer um ihren eigenen Willen. Dieser kann

---

[58] Vgl. Leicht: Marguerite Porète und die Freiheit eines Christenmenschen, S. 173.
[59] Vgl. Leicht: Marguerite Porète und die Freiheit eines Christenmenschen, S. 178f.
[60] Vgl. Leicht: Marguerite Porète und die Freiheit eines Christenmenschen, S. 179.
[61] Vgl. Heid: Studien zu Marguerite Porète, S. 200.

aber nur aufgehen, wenn sie und das Göttliche eins sind.[62] „Der neue Zustand [der Seele] ist die „Freiheit aus der Minne", in der sich die Seele [allein] auf den Geliebten bezieht."[63] Durch das Auftreten der Seele als Herrin der Tugenden und nicht mehr als deren Dienerin, dürfte für die Kirche das ausschlaggebende Moment gewesen sein, das Buch der Häresie zu verdächtigen.[64] Des Weiteren verweist Porète darauf, dass die befreite Seele sich der kirchlichen Heilsgüter zu entledigen habe[65], denn „[sie] verlangt […] weder nach Verachtung noch nach Armut, weder nach Leid noch nach Unannehmlichkeiten, weder nach Messen noch nach Predigten, weder nach Fasten noch nach Gebet, und sie gesteht auch der Natur ohne Gewissensbisse zu, was diese begehrt."[66] Diese Aussage wird für die Kirche schlichtweg ein Angriff auf ihre Aufgaben dargestellt haben. So obliegt es der Seele sich ein Urteil über den Nutzen der klerikalen Gebräuche zu machen, so lange der eigene Wille sich in dem Willen Gottes wiederfinde und mit diesem eine Einheit bilde.[67]

Weiterhin wird eine Passage überliefert, in der Porète direkt auf die Kleriker ein. Hier beschreibt sie diese als Unwissende, solange deren Seelen nicht frei von aller Last sind. Zudem verweist sie hier ausdrücklich darauf hin, dass nur die wissende Seele die Herrin im Hause sein werde.

> „Theologiens ne aultres clers,
> Point n'en aurez l'entendement
> Tant aiez les engins clers
> Se n'y procedez humlement
> Et que Amour et Foy ensement
> Vous facent surmonter Raison,
> Qui dames sont de la maison"[68]

---

[62] Vgl. Heid: Studien zu Marguerite Porète, S. 202.
[63] Vgl. Heid: Studien zu Marguerite Porète, S. 199.
[64] Vgl. Porète: Spiegel, Vorrede.
[65] Vgl. Vgl. Ruh: Abendländische Mystik, S. 360.
[66] Vgl. Porète: Spiegel, Kap. 1.
[67] Vgl. Heid: Studien zu Marguerite Porète, S. 203.
[68] Als Grundlage für meine Übersetzung, habe ich mich an der Übersetzung von Guarnieri orientiert. >Theologen, nicht die anderen Kleriker, ihr werdet es nicht verstehen, wenn eure Gedanken nicht klar/ rein sind und ihr nicht sanftmütig vorgeht, so dass die Liebe und der Glaube gemeinsam, welche die Herrinnen im Hause sind, euch helfen über die Vernunft hinwegzukommen< aus dem Aufsatz von Heid: Studien zu Marguerite Porète, S. 205.

Die der Häresie verdächtigen Passagen stellen die Forschung, laut Heid, vor ein Problem. So befinden sich die kompletten inkriminierten Passagen, wie sie den Gutachtern vorgelegen haben, heute nicht im Besitze der Forschung. Folglich bietet der „Spiegel", im Zusammenhang mit den vorliegenden Passagen einen großen Spielraum an Spekulationsmöglichkeiten. Dennoch scheint es so, als habe das Inquisitionsgericht gezielt nach Stellen im „Spiegel" gesucht, die „besonders sensationell aussahen oder *manifeste* nach Häresie klangen."[69]

5. Konflikt mit der Kirche

Zwischen 1296 und 1303 wurde „Der Spiegel der einfachen Seelen" bereits auf dem Marktplatz von Valenciennes verbrannt. Die Verbrennung fand unter dem Bischof von Cambrai statt, welcher das Werk der Häresie verdächtigte.[70] Allem Anschein nach, ließ sich Porète jedoch nicht von ihrem Anliegen abbringen. Eher scheint es so, als hätte sie die Reaktion der Kirche in ihrem Tun bestätigt und ermuntert, ihre Ansichten weiterhin nach außen zu vertreten. Denn, aus welchem Grund sonst, hätte sie Jahre später selbst der Häresie verurteilt werden sollen, wenn sie seit der Buchverbrennung nicht mehr aktiv gewesen ist. Zudem muss sie noch weitere Auflagen ihres Werkes besessen haben, da sie mindestens ein Exemplar zur Durchsicht und Beurteilung an hochrangige Personen verschickt hat. Durch eventuell positive Rückmeldungen schien sie sich ihrer Sache sicher gewesen zu sein, was vermutlich die Anklage der Ketzerei nach sich gezogen hat.[71] Gehörte sie keinem strikt kirchlichen Orden an, so wird die Zugehörigkeit zur Kirche für sie dennoch einen hohen Stellenwert gehabt haben. Folglich ist es dann erstaunlich, dass Porète trotz des Hintergrundwissens und der Mahnung der Exkommunikation weitergemacht hat, obwohl sie genauestens wusste, was ihr bevorstehen würde, sollte es zu einer abermaligen Anklage kommen.

Schien der Bischof von Cambrai mit der Buchverbrennung Porète noch entgegen gekommen zu sein, so reagierte sein Nachfolger weitaus

---

[69] Vgl. Heid: Studien zu Marguerite Porète, S. 203f.
[70] Vgl. Baatz: Marguerite Porète, S. 61.
[71] Vgl. Porète: Spiegel, Vorrede.

entschlossener. Philipp von Marigny[72] übergab schließlich den Fall an den päpstlichen Generalinquisitor Wilhelm von Paris, welcher zugleich Beichtvater des französischen Königs Philipp des Schönen war. Dieser berief eine Kommission von Theologen, die über fünfzehn willkürlich ausgesuchte Passagen aus dem „Spiegel" bezüglich des Ketzereiverdachts gegen Marguerite Porète urteilen sollten. Da sie selbst zu keiner der Vorladungen erschien, wurde sie 1308 zwangsweise festgenommen und inhaftiert.[73] Durch das hohe Aufgebot an geladenen Theologen, lässt sich die Wichtigkeit des Prozesses für die Kirche darstellen.[74] Von diesen fünfzehn Passagen sind der heutigen Forschung nur noch drei überliefert, wobei der letzte nur aus einer Chronik hergeleitet werden kann.[75] Trotz mehrfachen Verhörs blieb sie bei ihren Ansichten. Folglich blieb sie knapp anderthalb Jahre inhaftiert. Da sie durch ihr Buch im Vorfeld schon einmal der Häresie verurteilt worden ist, wurde sie im März 1310 als „rückfällige Ketzerin" zum Tode verurteilt.[76] Die Urteilsverkündung selbst fand am 31. Mai desselben Jahres statt.[77] Geht man nach Kurt Ruh und der Vorrede des „Spiegels", so wurde sie nicht von der Kirche, sondern von einem weltlichen Gericht verurteilt.[78] Was auch dafür spricht, dass sie erst am Folgetag in Paris auf der Place de Greve auf dem Scheiterhaufen verbrannt wurde.[79] Aus dem *Chronicon* eines Guillaume de Nangis geht hervor, dass sie zudem auf dem Weg zur Urteilsvollstreckung „hochgesinnte und auch demütige Zeichen ihrer Reue gezeigt," sodass selbst die anwesende Menge um sie geweint habe. Trotz ihrer Hinrichtung als exkommunizierte Begine, starb sie im Zuge ihrer aufrichtigen Reue durch Gott behütet im wahren katholischen Glauben.[80]

Nur ein Jahr nach Marguerites Tod fand sich das Konzil von Vienne zusammen und erließ in dessen Zuge Dekrete gegen die Beginen und Begarden. Aus diesen Dekreten lassen sich, laut Baatz, auch Erklärung für die Verurteilung

---

[72] Vgl. Verdeyen, Paul: Le procès d'inquisition contre Marguerite Porète et Guiard de Cressonessart (1309-1310), in: Revue d'histoire ecclèsiastique 81 (1986), S. 78f.
[73] Vgl. Leicht: Marguerite Porète, S. 340.
[74] Vgl. Leicht: Marguerite Porète, S. 337.
[75] Vgl. Vgl. Stölting: Christliche Frauenmystik, S. 335.
[76] Vgl. Porète: Spiegel, Vorrede.
[77] Vgl. Leicht: Marguerite Porète, S. 345.
[78] Vgl. Vgl. Ruh: Abendländische Mystik, S. 341, sowie Porète: Spiegel, Vorrede.
[79] Vgl. Baatz: Marguerite Porète, S. 61.
[80] Vgl. Heid: Studien zu Marguerite Porète, S. 187f.

Porètes herleiten, wodurch sie durch ihre propagierte Vollkommenheitslehre sterben musste.[81]

6. Fazit

Marguerite Porète kann mit Sicherheit als eine der herausragenden Mystikerinnen ihrer Zeit, wenn nicht sogar des Mittelalters bezeichnet werden. Nicht nur, dass sie ihrer Lehre bis zum Schluss treu geblieben ist, so hat sie aus dem Fundament ihrer Bildung etwas so großes und Weitreichendes produziert, durch welches sich selbst die Kirche bedroht gesehen hat. Irene Leicht verweist darauf, dass in dem Werk Porètes frühprotestantische Züge zu erkennen sein. So ist Marguerite Porète in ihrem Werk darum bemüht, die geknechteten Seelen von ihrer Last zu befreien und ihnen den Weg in die Glückseligkeit zu bereiten.

Auch die Reformation, obgleich sie erst viel später unter Martin Luther stattgefunden hat, war eine „Seelsorgebewegung".[82]

Selbst nach so langer Zeit kann behauptet werden, dass von Porètes Gedankengut überlebt hat und mit in die lutherische Reformation eingeflossen ist.

Marguerite Porète wird als eine Vertreterin der religiösen Freiheit des 13. und 14. Jahrhunderts angesehen, welche innerhalb der Mystik ihren Schöpfungskreis gefunden hat.

Selbst heute erfreuen sich Porète und ihr Werk einer stetig größer werdenden Bekanntheit innerhalb der Studien zur mystischen Literatur- und Kirchengeschichte.

---

[81] Vgl. Baatz: Marguerite Porète, S. 63.
[82] Vgl. Leicht: Marguerite Porète und die Freiheit eines Christenmenschen, S. 183.

7. Literatur

Baatz, Ursula: Marguerite Porète, in: Adolf Holl: Die Ketzer, Hamburg 1994.

Bumke, Joachim: Geschichte der deutschen Literatur im hohen Mittelalter, München 2004.

Dinzelbacher, Peter: Deutsche und niederländische Mystik des Mittelalters. Ein Studienbuch, Berlin 2012.

Dinzelbacher, Peter: Christliche Mystik im Abendland. Ihre Geschichte von den Anfängen bis zum Ende des Mittelalters, Zürich u.a 1994.

Heid, Ulrich: Studien zu Marguerite Porète und ihrem „Miroir des simple âmes", in: Peter Dinzelbach/ Dieter R. Bauer: Religiöse Frauenbewegung und mystische Frömmigkeit im Mittelalter, Köln 1988.

Jacobi, Klaus: Meister Eckhart: Lebensstationen – Redestationen, Berlin 1997.

Leicht, Irene: Marguerite Porète – eine fromme Intellektuelle und die Inquisition, in: Lorenz Oberlinner (u.a.): Freiburger theologische Studien, Bd. 163, Freiburg 1999.

Irene Leicht: Marguerite Porète und die Freiheit eines Christenmenschen. Frühprotestantische Ansätze im > Spiegel der einfachen Sellen<, in: Dietmar Mieth/ Britte Müller-Schauenburg: Mystik, Recht und Freiheit. Religiöse Erfahrung und kirchliche Institutionen im Spätmittelalter, Stuttgart 2012.

Keul, Hildegund: Mechthild von Magdeburg. Poetin – Begine – Mystikerin. Heidur Freiburg 2007

Margreiter, Reinhard: Mystik zwischen Literalität und Oralität. Meister Eckhart und die Theorie medialer Noetik, in: Klaus Jacobi: Meister Eckhart: Lebensstationen – Redestationen, Berlin 1997.

Porète, Marguerite: Der Spiegel der einfachen Seele. Mystik der Freiheit, Wiesbaden 2012.

Ruh, Kurt: Geschichte der abendländischen Mystik, Bd. II: Frauenmystik und Franziskanische Mystik der Frühzeit, München 1993.

Schmölzer, Hilde: Beginen, in: Adolf Holl (Hg.), Die Ketzer, Hamburg 1994.

Stölting, Ulrike: Christliche Frauenmystik im Mittelalter. Historisch-theologische Analyse, Mainz 2005.

Tobin, Frank: Mechthild von Magdeburg. A medieval mystic in modern eyes, Columbia 1995.

Utz Tremp, Kathrin: Zwischen Ketzerei und Krankenpflege - Die Beginen in der spätmittelalterlichen Stadt Bern, in: M. Wehrli-Johns/ C. Opitz. Fromme Frauen oder Ketzerinnen? Leben und Verfolgung der Beginen im Mittelalter, Freiburg im Breisgau 1998.

Vannier, Marie-Anne: La thématisation de la mystique rhéno-flamande par Eckhart, in: Klaus Jacobi: Meister Eckhart: Lebensstationen – Redestationen, Berlin 1997.

Verdeyen, Paul: Le procès d'inquisition contre Marguerite Porète et Guiard de Cressonessart (1309-1310), in: Revue d'histoire ecclèsiastique 81 (1986).

Walker Bynum, Caroline: Resurrection of the Body in Western Christianity. 200-1336, New York 1995.

Wehrli-Johns, Martina: Einleitung. Fromme Frauen oder Ketzerinnen?, in: dies. Fromme Frauen oder Ketzerinnen? Leben und Verfolgung der Beginen im Mittelalter, Freiburg im Breisgau 1998.

Wehrli-Johns, Martina: Schwestern in der Welt: Beginen im Mittelalter und Neuzeit, in: Adelheid M. von Hauff (Hrsg.): Frauen gestalten Diakonie. Bd. 1. Von der biblischen Zeit bis zum Pietismus, Stuttgart 2007.

Internetquellen

Joachim Schäfer: Artikel Beginen, aus dem Ökumenischen Heiligenlexikon - https://www.heiligenlexikon.de/Orden/Beginen.htm, abgerufen am 10.03.2017

Art. Mythisch, in: Deutsches Wörterbuch von Jacob und Wilhelm Grimm, 16 Bde. in 32 Teilbänden, Leipzig 1854-1961.

BEI GRIN MACHT SICH IHR WISSEN BEZAHLT

- Wir veröffentlichen Ihre Hausarbeit, Bachelor- und Masterarbeit

- Ihr eigenes eBook und Buch - weltweit in allen wichtigen Shops

- Verdienen Sie an jedem Verkauf

Jetzt bei www.GRIN.com hochladen und kostenlos publizieren

Ingram Content Group UK Ltd.
Milton Keynes UK
UKHW020926190723
425424UK00004B/54